T0088386

A Little Jazz Mass

Bob Chilcott

for upper voices, piano, and optional bass and drum kit

Vocal score

MUSIC DEPARTMENT

OXFORD
UNIVERSITY PRESS

OXFORD
UNIVERSITY PRESS

Great Clarendon Street, Oxford OX2 6DP,
United Kingdom

Oxford University Press is a department of the University of Oxford.
It furthers the University's objective of excellence in research, scholarship,
and education by publishing worldwide. Oxford is a registered trade mark of
Oxford University Press in the UK and in certain other countries

© Oxford University Press 2004

Bob Chilcott has asserted his right under the Copyright, Designs
and Patents Act, 1988, to be identified as the Composer of this Work

First published 2004

All rights reserved. No part of this publication may be reproduced,
stored in a retrieval system, or transmitted, in any form or by any means,
without the prior permission in writing of Oxford University Press

Permission to perform this work in public (except in the course of divine worship)
should normally be obtained from a local performing right licensing organization,
unless the owner or the occupier of the premises being used already holds a licence
from such an organization. Likewise, permission to make and exploit a recording of this
work should be obtained from a local mechanical copyright licensing organization

Enquiries concerning reproduction outside the scope of the above
should be directed to the Music Rights Department, Oxford University Press,
at music.permissions.uk@oup.com or at the address above

ISBN 978-0-19-343328-1

Music origination by Jeanne Roberts
Printed in Great Britain on acid-free paper by
Halstan & Co. Ltd., Amersham, Bucks.

Contents

1. Kyrie 5
2. Gloria 9
3. Sanctus 15
4. Benedictus 17
5. Agnus Dei 20

Composer's note

A Little Jazz Mass was written for the massed choirs of the 2004 Crescent City Choral Festival, and first performed in St Louis Cathedral, New Orleans in June of that year.

I have always loved jazz. At the beginning of my writing career I worked from time to time as an arranger for the now defunct BBC Radio Orchestra and, while a member of the King's Singers, I was lucky enough to perform with such artists as George Shearing, Richard Rodney Bennett, John Dankworth, Art Farmer, and the WDR Big Band. These experiences and influences have all had an impact on the music that I compose.

In this mass setting I have written a piano part which may be played exactly as written. However, I would encourage the pianist to improvise freely on the chord structure, and would also encourage the addition of bass and drums and any other instruments that may be appropriate for the performance.

I am grateful to Cheryl Dupont, the conductor of the New Orleans Children's Chorus, for enabling this work to come to life in such a great jazz city, and to all the children in the Crescent City Choral Festival Choir 2004, who gave it such a great start. I am also grateful to Neil Richardson, a wonderful musician who, more than twenty years ago, gave me my first opportunity as a professional arranger at the BBC.

Duration: *c.*12 minutes

Commissioned by Cheryl Dupont and the New Orleans Children's Chorus
for the 2004 Crescent City Choral Festival

A Little Jazz Mass

1. *Kyrie*

BOB CHILCOTT

* The piano part can be played as written or used as a guide. Bass and drum kit can join *ad lib.*

© Oxford University Press 2004

Printed in Great Britain

OXFORD UNIVERSITY PRESS, MUSIC DEPARTMENT, GREAT CLARENDON STREET, OXFORD OX2 6DP

Photocopying this copyright material is ILLEGAL.

13
unis.
S.1
S.2
- e e - le - i - son, Chri - ste, Chri - ste, Chri - ste e - le - i - son, Chri - ste,
A.
- e e - le - i - son, Chri - ste, Chri - ste, Chri - ste e - le - i - son, Chri - ste,
f
cresc.
17
Chri - ste, Chri - ste e - le - i - son, Ky - ri - e,
mf
21
mp
Ky - ri - e e - le - i - son.
Ky - ri - e,

25
Ky-ri - e e - le-i-son, Ky-ri - e e-le - i-son,
Ky - ri - e, Ky-ri-e, Ky - ri - e,
29
cresc.
Ky-ri - e e - le-i-son, Ky-ri - e e-le - i-son,
Ky-rie e-le - i-son, Ky - ri - e e-le - i-son,
cresc.
cresc.
33
f
Chri-ste, Chri - ste, Chri - ste e - le-i-son, Chri - ste, Chri - ste, Chri - ste e-
f
Chri-ste, Chri - ste, Chri - ste e - le-i-son, Chri - ste, Chri - ste, Chri - ste e-
f

37
mf
-le - i - son,
Ky - ri - e,
Ky - ri - e
e - le - i -
-le - i - son,
Ky - ri - e,
Ky - ri - e
e - le - i -
mf
mf
TUTTI VOICES unis.
41
mp
S.1 & 2
A.
- son.
Ky - ri - e,
Ky - ri -
mp
45
f
poco rit.
p
- e,
Ky - ri - e e - le - i - son.
f
p
attacca

2. *Gloria*

50
Quick 4 with swing ♩ = c.208
S.1 & 2
A.
TUTTI VOICES unis.
f
Glo - ri - a in ex-
55
- cel - sis De - o, glo - ri - a!
Glo - ri - a in ex - cel - sis De - o,
60
glo - ri - a!
Et in ter - ra pax ho - mi - ni - bus bo - nac vo - lun -
S.1 & 2
A.
65
- ta - tis,
Glo - ri - a,
glo - ri - a!
unis.

70
S.1
f
Ah
S.2
A.
unis. f
Lau - da - mus te, be - ne - di - ci - mus
75
te, a - do - ra - mus te, glo - ri - fi - ca - mus te.
80
TUTTI VOICES unis.
f
S.1 & 2
A.
S.1 & 2
A.
Gra - ti - as a - gi - mus ti - bi prop - ter ma - gnam glo - ri - am tu - am.

85
ff
Glo - ri - a!
Slow feel ♩ = c.76
ff
mp
TUTTI VOICES unis.
mp espress.
89
S.1 & 2
A.
Do - mi - ne De - us, Rex cae - le - stis, De - us Pa - ter om - ni - po -
LH
92
- tens. Do - mi - ne Fi - li u - ni - ge - ni - te, Je - su
95
Chri - ste, Je - su Chri - ste. Do - mi - ne De - us, A - gnus
LH

98
S.1
S.2
mf
De - i, Fi - li - us Pa - tris, Qui
A.
mf
De - i, Fi - li - us Pa - tris, Qui
mf
101
tol - lis pec - ca - ta mun - di, mi - se - re - re, mi - se -
tol - lis pec - ca - ta mun - di, mi - se - re - re, mi - se -
104
- re - re no - bis. Qui tol - lis pec - ca - ta mun - di,
- re - re no - bis. Qui tol - lis pec - ca - ta mun - di,
LH

107
cresc.
f
sus - ci - pe de - pre - ca - ti - o - nem no - stram. Qui se - des ad dex - te - ram Pa -
cresc.
f
sus - ci - pe de - pre - ca - ti - o - nem no - stram. Qui se - des ad dex - te - ram Pa -
cresc.
LH
f
110
ff
- tris, mi - se - re - re, mi - se - re - re no - bis.
ff
- tris, mi - se - re - re, mi - se - re - re no - bis.
ff
LH
sub. f
(pick up in new tempo)
114 Tempo I ♩ = c.208
TUTTI VOICES unis. f
S.1 & 2
A.
Quo - ni - am Tu so - lus san - ctus,

120
quo - ni - am,
Quo - ni - am Tu so - lus san - ctus, quo - ni - am,
125
S.1 & 2
A.
Tu so - lus, so - lus Do - mi - nus, Tu so - lus Al - tis - si - mus,
130
ff
Je - su Chri - ste,
Je - su Chri - ste,
ff
134
unis.
Je - su Chri - ste,
Cum San - cto, San - cto Spi - ri - tu in

138
S.1 & 2
A.
fff
glo - ri - a De - i Pa - - tris, A - - men, A - men.
fff
3. Sanctus
142
Gentle and rocking ♩ = c.76
S.1
S.2
A.
Gentle and rocking ♩ = c.76
p sost.
146
p espress.
San - ctus, San - ctus Do - mi - nus, San - ctus,
p espress.
San - ctus, San - ctus Do - mi - nus, San - ctus,

150
Do-mi-nus De-us Sa-ba-oth,
Do-mi-nus De-us Sa-ba-oth,
TUTTI VOICES unis.
154
mf
S.1 & 2
A.
Ple-ni sunt cae-li et ter-ra,
cresc.
ple-ni sunt cae-li et ter-ra glo-ri-a
3
mf
cresc.
158
f dim.
poco rit.
a tempo
p
S.1
S.2
tu-a. Ho-san-na, Ho-san-na in ex-
f dim.
p
A.
tu-a. Ho-san-na, Ho-san-na in ex-
poco rit.
a tempo
f dim.
p

162
pp
- cel - sis, Ho - san - na, Ho - san - na in ex -
pp
- cel - sis, Ho - san - na, Ho - san - na in ex -
pp
166
rit.
- cel - sis.
- cel - sis.
rit.
attacca
4. Benedictus
169
Easy tempo ♩ = c.108
S.1
S.2
A.
Easy tempo ♩ = c.108
mp

173
SOPRANO 1
mp
Be - ne - dic - tus,
be-ne-dic-tus qui ve - nit in
177
S.1
no-mi-ne Do-mi-ni, no-mi-ne Do - mi - ni.
Be-ne-dic - tus
S.2
SOPRANO 2
mp
Be - ne - dic - tus,
181
qui ve - nit in no-mi-ne, in no - mi-ne Do - mi-ni.
be-ne-dic-tus qui ve - nit in no-mi-ne Do-mi-ni, no-mi-ne Do - mi -

185
S.1
S.2
A.
mf
Be - ne - dic - tus qui ve -
- ni. Be - ne - dic - tus be - ne - dic - tus qui
Be - ne - dic - tus be - ne - dic - tus qui ve - nit, qui
188
- nit in no - mi - ne in no - mi - ne Do - mi - ni.
ve - nit in no - mi - ne Do - mi - ni, no - mi - ne Do - mi -
ve - nit in no - mi - ne no - mi - ne Do - mi - ni.
191
f
ff
Ho - san - na in ex - cel - sis Ho - san - na Ho -
- ni. Ho - san - na in ex - cel - sis Ho - san - na Ho -
Ho - san - na in ex - cel - sis Ho - san - na Ho -

*If playing this movement with bass, the first four bars should be played as a piano solo, with the bass entering at bar 203.

*If playing with bass, omit the piano left hand in bars 219–222 to allow a bass solo. The left hand re-enters at bar 223.

223
mf espress.
A - - gnus, A - gnus De - i, A - gnus, A - gnus De -
mf espress.
A - gnus De - i, A - gnus De - i, qui
mf
227
cresc.
- i, qui tol - lis pec - ca - ta, pec - ca - ta mun - di, Mi - se -
cresc.
tol - lis pec - ca - ta, pec - ca - ta mun - di, mun - di,
mp
cresc.
231
- re - re, mi - se - re - re no - bis, mi - se - re - re no - bis, mi - se - re - re,
mp
Mi - se - re - re no - bis, mi - se - re - re no - bis, mi - se - re - re,
cresc.
mp
cresc.

235
f
mp
mi-se-re-re no-bis, mi-se-re-re no - bis, mi-se - re - re:
f
mp
mi-se-re-re no-bis, mi-se-re-re no - bis, mi-se - re - re:
f
mp
239
TUTTI VOICES unis.
mf
S.1 & 2
A.
A - gnus De - i, A - gnus De - i,
S.1 & 2
cresc.
A.
A - gnus De - i, qui
mf
cresc.
242
S.1
S.2
tol - lis pec - ca - ta mun - di, mun - di,
f
Do - na no - bis
A.
tol - lis pec - ca - ta mun - di, mun - di,
f
Do - na no - bis pa - cem,
f

Printed in England by Halstan & Co. Ltd., Amersham, Bucks.